JN437432

금강계만다라삼십칠존

금강계만다라삼십칠존

대한불교진각종
한국밀교문화총람사업단

간행사

한국밀교문화총람 진언분과에서는 밀교의 핵심이라고 할 수 있는 진호국가와 문두루법, 금강계만다라삼십칠존연구, 밀교도상연구와 같은 역사적인 사업을 연구하고 정리하였다.

먼저 진호국가와 문두루법은 국가수호를 위한 기도법으로 중국에서 이루어진 치병목적의 문두루법과 다르다는 것을 밝히기 위한 것이다. 특히 문두루법의 행법을 관련 경전을 근간으로 복원하고, 시연까지 진행하였다. 이것은 우리나라 불교사에서 신라시대 이래 고려시대를 거쳐서 조선초기까지 작행되었던 것을 복원하였다는 데 의미를 가지고 있다. 호마의 기도 원리 중에서 식재와 항복의 의미를 가진 문두루기도법의 복원과 시연은 한국밀교의 역사에서 매우 뜻 깊은 일이다.

다음으로 금강계만다라삼십칠존연구는 우주적 원리를 형상과 문자와 상징을 통해서 구현한 것으로 불보살과 일체화를 이루는 관정, 그들의 행위를 역동적인 행법으로 구현한 염송차제를 밝히기 위한 연구이다. 여기서는 만다라의 제존상을 도화하여 존상의 활용영역을 높였으며, 금강계만다라 삼십칠존을 조성하여 도록화함으로써 한국에서 유래를 찾아볼 수 없는 존상의 다양화와 입체적 도록을 완성하게 되었다.

밀교도상연구는 직접 도화한 존형과 삼매야형을 불과 보살, 천신과 명왕으로 분류하여 도록을 완성하였다.

그 중에서 금강계만다라삼십칠존연구는 금강계만다라 성신회의 존형을 도안하고, 그것을 입체적으로 조각하였다는 데 큰 의미를 가진다. 아울러 삼십칠존의 실담종자를 부조로 조성하여 삼십칠존 구밀의 세계를 표현하였고, 각각 존격의 삼매야형을 조성하여 삼십칠존의 신구의밀의 세계를 구상화하였다. 이와 같은 역사적인 사업은 한국불교사에서는 유래를 찾아볼 수 없으며, 밀교가 전파된 어느 지역에서도 종자, 삼매야형, 존형을 같이 표현한 예를 발견할 수 없다.

특히 존형과 종자와 삼매야형을 입체적으로 표현함으로써 금강정유가삼십칠존의 세계가 나타난 모습을 한눈으로 볼 수 있다는 데 큰 의미를 가진다고 생각된다.

나아가서 다양한 각도에서 촬영된 금강계만다라삼십칠존은 도록으로 편찬되어 존형과 실담종자와 삼매야형의 상징세계를 이해하고 연구하는 데 중요한 자료가 될 것이다.

끝으로 연구를 맡아 준 허일범 교수를 비롯한 많은 분들에게 감사의 뜻을 전한다.

2019년 4월 30일

한국밀교문화총람사업 단장

회성 김봉갑

머리말

금강계만다라삼십칠존연구는『금강정경』에 의거한 금강계(Vajradhātu)만다라의 삼십칠존을 존형과 종자와 삼매야형으로 도록화한 작업이다. 여기서 금강金剛이란 용어는 파괴되지 않는 견고한 성질, 그리고 계界란 본체나 본질을 의미한다. 즉 금강은 견고해서 파괴되지 않는 것이기 때문에 적이나 마귀를 퇴치하는 무기로 사용되었다. 밀교경전에서는 그것을 내면화시켜서 마음속의 번뇌를 파괴하고, 단제斷除하는 지혜라고 생각했으며, 진리 자체를 의미하는 것으로도 간주하게 되었다. 즉 금강계란 진리를 본체이자 본질로 한 것으로 이해할 수 있다.

금강계만다라는 불부佛部, 금강부金剛部, 보부寶部, 연화부蓮華部, 갈마부羯磨部의 오부五部로 나누어 대일여래의 덕을 나타냈다. 여기서 각부의 부주는 대일여래, 아축불, 보생불, 아미타불, 불공성취불이며, 이들 다섯 존의 활동을 통해서 삼십칠존이 출생하는 것이다.

금강계만다라를 구성하는 주요한 불보살은 삼십칠존으로 이들은 통상 금강계만다라삼십칠존으로 불린다. 삼십칠존이란 오불, 사바라밀, 십육대보살, 팔공양보살, 사섭보살을 말한다.

금번 진행된 삼십칠존의 도록작업은 존형도화작업, 존형과 종자와 삼매야형의 조각작업, 사진촬영의 단계를 거쳐서 이루어졌다.

존형도화작업은 금강계만다라 성신회의 존형을 기반으로 이루어졌으며, 종자와 삼매야형은 그 외의 항삼세회, 삼매야회 등의 내용을 활용하기도 하였다.

조각작업은 문영대 선생의 주도로 일년여의 기간 동안 작업이 이루어졌다. 작업과정에서 도상으로 표현되지 않은 부분들을 입체화시켜서 표현하였기 때문에 보다 생동감 넘치는 작품으로 완성되었다.

이와 같이 목재를 사용하여 존형과 종자와 삼매야형을 표현한 예는 국내뿐만이 아니라 밀교가 전파된 어느 지역에서도 찾아보기 힘들다.

사진촬영은 전문인이 담당하였으며, 정면, 양측면, 상단, 하단 및 후면을 입체적으로 촬영하였다.

도록의 해설 부분은 밀교문화총람 성민정 연구원이 담당하였고, 그 내용은 존형과 종자와 삼매야형을 이해하는 데 많은 도움이 될 것이다.

이와 같은 과정을 통해서 도록으로 편찬된 금강계만다라삼십칠존연구는 한국밀교사에 길이 남을 업적이 될 것이다.

금강계만다라삼십칠존 • 존형/종자/삼형

금강계만다라삼십칠존 • 존형/종자/삼형

금강계만다라삼십칠존

- 존형/종자/삼형 -

대일여래大日如來

대일여래(Ⓢ Mahāvairocana, Ⓣ snam par snang mdzad)는 금강계만다라 오불五佛 중 하나로 만다라의 중앙에 위치해 있으며 최상근본존(最上根本尊)이다. 범어명칭은 마하바이로자나이며, 비로자나라고도 불린다. 비로자나는 어둠을 걷어내고 빛을 비추는 태양을 뜻하며, 지혜의 빛을 두루 비춘다는 의미이다.

【형상】	금강계 대일여래는 몸체가 흰색이며 머리에는 오여래관五如來冠을 쓰고 있고 후광은 원륜이다. 지권인智拳印을 결하고 칠사자좌七師子座나 연화좌 위에 결가부좌를 하고 앉아 있다.
【밀호】	편조금강遍照金剛
【종자】	밤(鑁, vaṃ), 아하(阿, aḥ), 옴(唵, oṃ)
【삼매야형】	탑塔
【수인】	양손은 금강권을 하고 왼쪽 검지를 세워 오른 주먹으로 검지를 감싸쥔 지권인을 결한다. 삼매야회의 수인은 외박을 하고 두 중지를 세워 합치며 윗마디를 굽혀 검劍 모양으로 만들고 두 검지를 두 중지 뒤에다 붙여 탑을 형상화한다.
【진언】	<성신회> 옴 바즈라다투 밤 oṃ vajradhātu vaṃ <삼매야회> 바즈라 즈야남 아하 縛日羅 枳惹南 阿 vajra jñānaṃ āḥ <공양회> 옴 사르바 타타가타 바즈라 다트바아누타라 푸자 스파라나 사마예 훔 唵 薩縛怛他誐多 縛日羅 馱怛縛努多羅 布惹 娑發羅拏 娑摩曳 吽 oṃ sarvatathāgata vajra dhātvānuttara pūjā spharaṇa samaye hūṃ

아축불阿閦佛

아축불(Ⓢ Akṣobhya, Ⓣ Mi bskyod pa)은 금강계 오불 중 하나로 금강계만다라의 동방에 위치해 있다. 과거세 동방 아비라제세계阿比羅提世界에서 대일여래大日如來께 무진에無瞋恚의 원을 발하고 수행하여 성불하였기에 무민無悶, 무진에를 의미한다. 아축불의 보리심은 견고부동하기 때문에 부동불不動佛이라고도 하며 금강부金剛部의 부주이다.

【형상】	금강계만다라에서 아축불의 몸체는 푸른색이며 항마촉지인, 갈마인의 모습 또는 배꼽 아래에서 금강권金剛拳의 모습이다.
【밀호】	부동금강不動金剛, 포외금강怖畏金剛
【종자】	훔(吽, hūṃ)
【삼매야형】	오고저五股杵
【수인】	갈마회와 공양회에서는 왼 주먹을 배꼽에 두고 오른손은 촉지인觸地印 즉, 손바닥을 무릎 위에 덮어 손가락 끝을 땅으로 닿게 한다. 삼매야회에서는 외박外縛하여 두 중지를 세워 바늘과 같게 한다.
【진언】	<성신회> <갈마회> 옴 악쇼비야 훔 唵 惡乞芻毘也 吽 oṃ akṣobhya hūṃ <삼매야회> 바즈라 즈냐남 훔 縛日羅 枳惹南 吽 vajra jñānaṃ hūṃ <공양회> 옴 사르바 타타가타 바즈라 사트바누타라 푸야 사파라나 사마예 훔 唵 薩縛 怛他誐多 縛日羅 薩怛縛努多羅 布惹 娑發羅拏 三摩曳 吽 oṃ sarva tathāgata vajra sattvānuttara pūjā spharaṇa samaye hūṃ

보생불寶生佛

보생불(Ⓢ Ratna-saṃbhava, Ⓣ rin chen 'byung ldan)은 금강계 오불 중 하나로 금강계만다라 남방의 월륜月輪에 위치해 있다. 다른 명칭으로 남방보당불南方寶幢佛, 남방보상불南方寶相佛이라고도 부른다. 보생불의 법신은 평등성지平等性智 주로 하고, 복덕의 보寶를 만들기 때문에 보생寶生이라하며 평등금강平等金剛, 대복금강大福金剛이라고 부른다.

【형상】	몸체는 황금빛으로 정수리에서 무량한 금빛을 낸다. 갈마회와 공양회에서는 손에 여의보如意寶를 들고 있으며, 왼손은 주먹을 쥐고 옷 모서리를 잡고 오른손은 손바닥을 위로 한 시원인施願印을 결하거나 왼손으로 옷의 양쪽 모서리를 잡고 오른손은 손바닥을 위로한 만원인滿願印을 결하기도 한다.
【밀호】	평등금강平等金剛, 대복금강大福金剛
【종자】	트라하(怛落, trāḥ)
【삼매야형】	삼변보주三辯寶珠
【수인】	갈마회와 공양회에서는 왼손바닥을 배꼽에 두고 오른손은 시원인을 한다.

【진언】

<성신회> <갈마회>

옴 라트나 삼바바 트라하
唵 羅怛曩 三婆縛 怛落
oṃ ratna saṃbhava trāḥ

<삼매야회>

바즈라 즈야남 트라하
縛日羅 枳惹南 怛落
vajra jñānaṃ trāḥ

<공양회>

옴 사르바 타타가타 바즈라 다트바아누타라 푸자 스파라나 사마예 훔
唵 薩縛 怛他誐多 縛日羅 羅怛 那努多羅 布惹 娑發羅拏 三摩曳 吽
oṃ sarva tathāgata vajra natnānuttara pūjā spharaṇa samaye hūṃ

아미타불阿彌陀佛

아미타불(Ⓢ Amitāyus/Amitābha, Ⓣ tshed dpag med/'od dpag med)은 금강계 오불 중 하나로 금강계만다라의 서방에 위치해 있다. 범어명칭 아미타유스와 아미타바는 각각 무량수無量壽와 무량광無量光을 의미한다. 과거세 법장비구로 부처님께 세운 48대서원에 따라 성불하여 서방 극락세계의 주존인 아미타불이 되었다.

【형상】	두 손을 포갠 법계정인, 설법인, 시원인施願印과 시무외인施無畏印, 개연화開蓮華의 모습 등이 있으며, 금강계 갈마회에서는 미타정인彌陀定印을 하고 있다.
【밀호】	청정금강淸淨金剛, 대자금강大慈金剛
【종자】	흐리(紇哩, hrīḥ), 암(暗, aṃ), 호(護, ho)
【삼매야형】	피어있는 연꽃(開蓮花)
【수인】	금강계 갈마회에선 아미타정인阿彌陀定印을 결하고, 삼매야회에는 근본인을 결한다.

【진언】

<성신회> <갈마회>

옴 로게슈바라 라자 흐리히

唵 盧計濕羅 羅惹 紇哩

oṃ lokeśvara rāja hrīḥ

<삼매야회>

바즈라 즈야남 흐리히

縛日羅 枳惹南 詰唎

vajra jñānaṃ hrīḥ

<공양회>

옴 사르바 타타가타 바즈라 다르마아누타라 푸자 사파라나 사마예 훔

唵 薩縛 怛他誐多 縛日羅 達摩努多羅 布惹 娑發羅拏 三麼曳 吽

oṃ sarva tathāgata vjra dharmāunttara pūja spharaṇa samaye hūṃ

불공성취불不空成就佛

불공성취불(Ⓢ Amoghasiddhi, Ⓣ don yod grub pa)은 금강계 오불五佛 중 하나로 금강계만다라 북방에 위치해 있다. 미묘성불微妙聲佛, 천고음불天鼓音佛, 뇌음왕불雷音王佛 등으로도 불린다. 석가모니불과 동체로 여겨지며 비로자나불의 성소작지成所作智의 사업을 성취시킨다.

【형상】	몸체는 녹색이며 왼 주먹은 옷 모서리를 잡아 가슴에 두고 오른손은 엄지와 검지를 대고 있는 모습이다. 오른손 엄지는 보통 시무외인을 한다. 혹은 왼손을 옷의 양 모서리를 쥐고 오른손은 손바닥을 펴서 세우고 어깨 위를 향하게 한 시무외인을 한다.
【밀호】	실지금강悉地金剛, 성취금강成就金剛
【종자】	아하(噁, aḥ)자, 사(娑, sa)자
【삼매야형】	갈마저羯磨杵
【수인】	갈마회에서는 무포외인無怖畏印을 결하는데, 왼 주먹을 배꼽에 두고 오른손은 시무외인을 결한다. 삼매야회에서는 바깥으로 엮은 두 중지를 손바닥으로 넣어 손바닥에 닿게 하고 두 엄지와 두 소지를 세워서 합친다.
【진언】	<성신회> <갈마회> 옴 아몽가 싣데 아하 唵 阿目伽 悉弟 惡 oṃ amogha siddhe aḥ <삼매야회> 바즈라 즈야남 아하 縛日羅 枳惹南 惡 vajra jñānaṃ aḥ <공양회> 옴 사르바 타타가타 바즈라 카르마 아누타라 푸자 스파라나 사마예 훔 唵 薩縛 怛他誐多 縛日羅 羯磨 努多羅 布惹 娑發羅拏 三摩曳 吽 oṃ sarva tathāgata vajra karma anuttara pūjā spharaṇa samaye huṃ

금강바라밀보살金剛波羅蜜菩薩

금강바라밀보살(Ⓢ Vajra pāramitā, Ⓣ sems dpa'i rdo rje)은 금강계 37존 중 사바라밀보살四波羅蜜菩薩의 하나로 대일여래의 동쪽에 위치해있다. 범어 명칭은 '바즈라 파라미타'로 '금강이 피안에 있다'는 의미이다. 이 존은 아축불이 대일여래를 공양하며 금강과 같이 견고한 보리심을 나타낸다.

【형상】 성신회의 경우 몸의 색이 푸른색이며 천녀형으로 갈마의를 입었으며, 오른손은 촉지인을 결하고, 왼손은 범협梵篋이 올려져있는 연꽃을 쥐고 연꽃 위에서 가부좌하고 앉아있다. 미세회에서는 범협대신 오고저가 올려진 연꽃을 왼손에 쥐고 있다. 공양회에서는 오고저가 올려진 연꽃을 양 손에 들고 있다.

【밀호】 견고금강堅固金剛

【종자】 훔(吽, hūṃ)

【삼매야형】 오고금강저五股金剛杵

【수인】 갈마회에서 왼손은 주먹을 쥐어 배꼽에 두고 오른손에는 늘어뜨려 땅에 닿게 한다.
삼매야회에서 바깥으로 엮은 두 가운데손가락을 세워 바늘과 같게 한다.

【진언】 <성신회> <갈마회>

옴 사트바 바즈리 훔
唵 薩怛嚩嚩日哩 吽
oṃ sattva vajra huṃ

<삼매야회>

바즈라 슈리 훔
縛日羅 室哩 吽
vajra śrī hūṃ

보바라밀보살寶波羅蜜菩薩

보바라밀보살(Ⓢ Ratna-pāramitā, Ⓣ rin chen rdo rje)은 금강계 37존 중 사바라밀보살 중 하나로 대일여래의 남쪽 월륜에 위치해있다. 범어 명칭인 '라트나 바라미타'는 '보배가 피안에 있다'는 의미이다. 보생불이 대일여래를 공양하는 보살이며 복과 지혜의 공덕보功德寶로서 봉사한다.

【형상】	성신회에서 본존의 몸체는 백황白黃색이며 천녀의 형상으로 갈마의羯磨衣를 입고 있다. 왼손에는 보주가 올려진 연꽃을 쥐고 있으며, 오른손은 둥글게 말아서 쥐었으며, 연꽃 위에 가부좌를 하고 앉아있다. 미세회에서는 오른손은 여원인을 결하고 있다. 공양회에서는 보주가 올려진 연꽃을 양 손에 들고 있다.
【밀호】	대보금강大寶金剛, 지보금강持寶金剛
【종자】	트라하(怛洛, trāḥ)
【삼매야형】	보주
【수인】	바깥으로 엮은 두 가운데 손가락을 세워 보형寶形을 결한다.

【진언】

<성신회>

옴 라트나 바즈리 트라하

oṃ ratnavajri trāḥ

<갈마회>

옴 라트나 바즈리니 타크레

唵囉怛那嚩日哩 怛咯

oṃ ratnavajriṇī takre

<삼매야회>

바즈라 가우리 트라하

縛日羅 戞唎 怛洛

vajra gaurī trāḥ

법바라밀보살法波羅蜜菩薩

법바라밀보살(Ⓢ Dharma-pāramitā, Ⓣ chos kyi rdo rje)금강계 37존의 사바라밀보살 중 하나로 월륜의 서쪽에 위치해있다. 범어 명칭인 '다르마 파라미타'는 '법이 피안에 있다'라는 뜻이다. 아미타불(阿彌陀佛, 觀自在王)이 대일여래를 공양하는 보살이며 중생들이 본래 가지고 있는 지혜를 청정하게 하는 연꽃과 같다.

【형상】 성신회에서 본존의 몸체는 홍련紅蓮색이며 천녀의 형상으로 갈마옷을 입고 아미정인阿彌定印을 결하고 범협梵篋이 올려진 연꽃을 들었다. 미세회에서는 정인定印을 하고 독고저를 올려놓았다. 공양회에서는 양 손에 연꽃을 쥐고 있으며 꽃 위에는 독고저를 줄기로 한 미부연화未敷蓮花를 세워 놓았다.

【밀호】 연화금강, 청정금강

【종자】 흐리(襭哩, hriḥ)

【삼매야형】 함(箱) 위에 독고저로 받쳐놓은 연꽃봉오리가 서 있는 형상

【수인】 갈마회에서는 두 손을 서로 마주보게 깍지를 끼고 두 검지를 세워 서로 맞닿게 하며 두 엄지는 그 끝을 가로로 눕힌다. 삼매야회에서는 바깥으로 엮은 두 검지를 세워 굽혀 연잎과 같다.

【진언】 <성신회> <갈마회>

옴 다르마바즈리 흐리히
唵 達摩縛日哩 訖哩
oṃ dharmavajri hriḥ

<삼매야회>

바즈라 타라 흐리히
縛日羅 多囉 襭哩
vajra tārā hrīḥ

업바라밀보살業波羅蜜菩薩

업바라밀보살은 금강계 사바라밀보살 중 월륜의 북쪽에 위치해 있다. 범어 명칭은 '카르마 바즈라(Karma vajrā)' 또는 '카르마 파라미타(Karma pāramitā)라 부르는데, '업이 피안에 있다'는 의미이다. 이 본존은 불공성취(釋迦)불과 대일여래를 공양하는 보살이며 섭화이생攝化利生의 사업으로서 활동을 한다.

【형상】 성신회에서 이 본존의 몸체는 녹색이며 천녀의 형상이다. 갈마의를 입고 있으며 왼손에는 함이 올려진 연꽃을 쥐고 있고 오른손에는 갈마저를 잡고 있다. 미세회에서 는 왼손에 십자모양의 독고저가 올라가있는 연꽃을 지니고 있으며 오른손에는 약지와 새끼손가락을 굽혀 오른 겨드랑이에 붙여서 내밀었다. 공양회에서는 갈마저가 놓여진 연꽃을 양 손에 들고 있다.

【밀호】 묘용금강妙用金剛, 작업금강作業金剛

【종자】 아하(阿, aḥ)

【삼매야형】 판板 위에 세워진 갈마저

【수인】 갈마회에서는 왼 주먹을 배꼽 부근에 두고 오른손은 시무외인을 하고, 삼매야회에서는 바깥으로 향하게 하고 손가락 끝을 붙여 손바닥 가운데 두고 두 새끼손가락과 두 엄지를 합친다.

【진언】 <성신회> <갈마회>

옴 카르마바즈리 아하

唵 羯磨嚩日哩 惡

oṃ karmavajri aḥ

<삼매야회>

카 바즈리니 호하

佉 靺日哩尼 斛

kha vajriṇī hoḥ

금강살타보살金剛薩埵菩薩

금강살타(Ⓢ Vajra-sattva, Ⓣ rdo rje sems dpa')는 금강계 37존중 16대보살의 하나이다. 금강계의 여러 회에서 아축불의 사친근四親近 중 상수로 아축불의 앞에 위치한다. 범어 명칭은 바즈라사트바(Vajra-sattva)로 집금강執金剛, 금강수비밀주金剛手秘密主, 지금강구혜자持金剛具慧者, 금강용대심金剛勇大心, 보현금강초普賢金剛初, 금강상수金剛上首 등으로도 불린다. 금강살타는 금강 같은 보리심을 발하는 유정이라는 뜻으로 밀호는 대용금강 또는 진여금강이다.

【형상】	금강계만다라 이취회, 성신회, 미세회의 형상은 살색의 몸에 오불관五佛冠을 쓰고 오른손에는 오고저를 가슴 앞에 가로도, 세로도 아니게 들고 있다. 왼손은 금강령을 잡아 허리에 두고서 연꽃위의 월륜 가운데 가부좌하고 있다. 금강계 공양회의 형상에선 양손에 연꽃을 들고, 연꽃위에 금강저가 세워져있다.
【밀호】	진여금강眞如金剛, 대용금강大勇金剛
【종자】	훔(吽, hūṃ), 아(阿, a, ā, āḥ), 옴(oṃ). 바(嚩, baḥ), 밤(vaṃ), 사트밤(satvaṃ)
【삼매야형】	오고저 또는 삼고저
【수인】	갈마회에선 왼손을 금강권으로 허리에 두고 오른손을 가슴 앞에서 금강저를 던지는 모습을 하는데, 즉, 대인大印, 또는 대지인大智印이다. 삼매야회는 오고인을 결한다.
【진언】	<삼매야회> 옴 삼마예 사트바 아하 唵 三昧耶 薩埵 嚧 oṃ samaye sattva aḥ

금강왕보살金剛王菩薩

금강왕보살(Ⓢ Vajra-rāja, Ⓣ rdo rje rgyal po)은 금강계 37존 중 16대 보살 중 하나로 금강계의 여러 회에서 동방 아축불의 사친근四親近 중 두 번째로서 아축불(대일여래를 향했을 때)의 오른쪽 즉, 북방에 위치해있다. 범어 명칭인 '바즈라라야(Vajra-rāja)'는 금강왕金剛王을 의미하며. 사섭의 덕을 표시하는 보살이기 때문에 불공묘각 최상금강왕 금강구의 명칭으로 그 덕을 찬탄한다.

【형상】	성신회에서 이 본존의 몸체는 살색이고 두 손으로 금강권을 결하고 팔을 교차시켜 가슴에 안고 있다. 미세회의 상도 이와 거의 동일하다. 공양회에서는 연꽃 위에 쌍금강구雙金剛鉤를 올리고 양손에 쥐고 있다.
【밀호】	자재금강自在金剛, 집구금강執鉤金剛
【종자】	자(弱, jaḥ)
【삼매야형】	쌍금강구
【수인】	갈마회에서는 두 주먹을 교차시켜 가슴에 품고 두 검지를 갈고리처럼 건다. 삼매야회에서는 바깥으로 엮은 두 검지를 굽혀서 갈고리처럼 만든다. 공양회에서는 금강박金剛縛을 오른쪽 겨드랑이에 둔다.
【진언】	<성신회> <갈마회> 옴 바즈라 라자 자하 唵 嚩日囉 囉惹 弱 oṃ vajra rāja jaḥ <삼매야회> 아나야 스바 阿曩耶 娑嚩 ānaya sva <공양회> 옴 사르바타타가타 사르바트마 니르야타나 푸자 스파라나 카르마 그리 자하 唵 薩嚩怛他誐多 薩嚩怛麼 涅哩耶怛那 布惹 薩發囉拏 羯磨 吃哩 弱 oṃ sarvatathāgata sarvātma niryātana pūjā spharaṇa karmā gri jaḥ

금강욕보살金剛欲菩薩

금강욕보살(Ⓢ Vajra-rāga, Ⓣ rdo rje chags pa)은 금강계 37존 중 16대보살 중 하나이다. 금강계의 여러 회에서 동방 아축불의 사친근四親近 중 세 번째로서 아축불(대일여래를 향했을 때) 왼쪽 즉, 남방에 위치해있다. 범어 명칭은 '바즈라라가(Vajra-rāga)'로 번역하면 금강애金剛愛이고, 일체중생을 애염愛染하기 때문에 조복調伏 애염 대락大樂 대금강大金剛 등으로도 불린다. 밀호는 대비금강, 이악금강離樂金剛, 이애금강離愛金剛이다.

【형상】	성신회와 미세회에서의 몸체는 살색이며 두 손으로 화살을 바로잡은 형상을 한다. 공양회에서는 연꽃을 양손으로 쥐고 있으며 연꽃 위에 두 개의 삼고저를 나란히 세웠다.
【밀호】	이악금강離樂金剛, 이애금강離愛金剛
【종자】	호하(護, hoḥ), 카(kha)
【삼매야형】	위아래의 한 가지를 교차시켜 세운 두 개의 삼고저
【수인】	갈마회에는 두 주먹을 날아가는 화살처럼 한다. 삼매야회에는 금강박金剛縛으로 두 검지의 가운데 마디를 가로로 하여 서로 교차한다. 공양회에는 금강박을 오른쪽 겨드랑이에 둔다.
【진언】	<성신회> <갈마회> 옴 바즈라 아라가 호하 唵 跋折囉 阿囉伽 護 oṃ vajra arāga hoḥ <삼매야회> 아호 수카 阿湖 蘇佉 aho sukka <공양회> 옴 살르바타타가타 사르바트마 니르야타나 아누라가 푸자 스파라나 카르마 바네 훔호하 唵 薩嚩怛他誐多 薩嚩怛麼 涅哩耶怛那 阿努羅伽那布惹 薩發囉拏 羯磨 嚩寧 吽護 oṃ sarvatathāgatasarvātma niryātana anurāga pūjā spharaṇa karmā baṇe hūṃ hoḥ

금강선재보살金剛善哉菩薩

금강선재보살(Ⓢ Vajra-sādhu, Ⓣ rdo rje dgyes khyod)은 금강계 37존 중 16대 보살의 하나이며, 금강희보살이라고도 한다. 동방 아축불의 사친근四親近중 네 번째이다. 금강계의 여러 회에서 아축불(대일여래를 향했을 때) 뒤쪽 즉, 동방에 위치해있다. 일체여래에게 그 몸을 봉공하고 모든 환희를 성취시키는 공덕을 갖춘 보살로 환희의 덕을 관장하기 때문에 진재환희, 환희왕희약歡喜王喜躍 등으로도 불려진다.

【형상】 성신회서의 몸체는 살색이며 가슴 앞에서 금강권을 결했다. 미세회에서는 오른손으로 손가락을 튕기고 있다. 공양회에서는 연꽃을 들고 있으며 꽃 위에서 양 손의 손가락을 튕기고 있다.

【밀호】 찬탄금강讚嘆金剛, 안락금강安樂金剛, 선재금강善哉金剛

【종자】 사하(索, saḥ), 두(度, dhu)

【삼매야형】 두 손으로 주먹을 쥐고 나란히 놓고 손가락을 튕기는 형상

【수인】 갈마회에서 수인은 가슴가운데에서 금강권을 쥐고 손가락을 튕기는 형상이다. 삼매야회에서는 금강권을 바깥으로 엮은 두 검지로 손가락을 튕긴다. 공양회는 금강권을 바깥으로 엮어 허리 뒤에 둔다.

【진언】

<성신회> <갈마회>

옴 바즈라 사드후 사하

唵 嚩日羅 娑度 索

oṃ vajra sādhu saḥ

<삼매야회>

사두 사두

娑度娑度

sādhu sādhu

<공양회>

옴 사르바타타가타 사르바아트마 니르야타나 사두 카라 푸자 스파라나 카르마 투시티사하

唵 薩嚩怛他誐多 薩嚩怛麼 涅哩耶怛那 娑度伽囉 布惹 薩發囉拏 羯磨 覩瑟置 索

oṃ sarvatathāgata sarvātma niryātana sādhu kara pūjā spharaṇa karmā tuṣṭi saḥ

금강보보살金剛寶菩薩

금강보보살(Ⓢ Vajra ratna, Ⓣ rdo rje rin chen)은 금강계 37존 중 16대 보살 중 하나이며, 금강희보살이라고도 한다. 금강계만다라의 여러 회에서 남방 보생불의 사친근 중 하나로 보생불(대일여래를 향했을 때)의 앞 즉, 북방에 위치해있다. 범어 명칭인 '바즈라라트나'는 금강보金剛寶라 해석한다. 허공장虛空藏보살과 같이 복덕지혜의 양덕을 구비하고 일체중생을 이락하기 때문에 보금강寶金剛, 묘금강妙金剛, 의금강義金剛, 금강허공金剛虛空 등의 명칭으로도 불린다.

【형상】	성신회의 존상은 몸체가 살색이고 왼손으로 여원인을 맺고 오른손은 보주를 받는 형을 하고 있다. 미세회에서는 반대로 왼손에 보주를 들고 오른손은 여원인을 하고 있다.
【밀호】	대보금강大寶金剛, 여의금강如意金剛, 후장금강厚藏金剛
【종자】	옴(唵, oṃ), 트밤(怛鑁, tbaṃ)
【삼매야형】	보주
【수인】	갈마회에는 두 주먹을 쥐고 면을 합쳐서 두 검지를 보주의 형태로 한다.삼매야회에서 수인은 바깥으로 엮은 두 엄지를 나란히 세우고 두 검지를 세워서 보주의 형태를 한다. 공양회에는 바깥으로 향하게 하고 이마 위에 둔다.
【진언】	<성신회> <갈마회> 옴 바즈라 라트나 옴 唵 嚩日囉 囉怛那 唵 oṃ vajra ratna oṃ <삼매야회> 수 마하 트밤 蘇 摩訶 怛鑁 su mahā tbaṃ <공양회> 옴 나마하 사르바타타가타 카야 비세카 라트네비요 바즈라 마니옴 唵 那莫 薩嚩怛他誐多 迦邪 毘曬迦 囉怛寧驃 嚩日羅摩尼 唵 oṃ namaḥ sarvatathāgata kāya bhiseka ratnebhyo vajra mani oṃ

금강광보살金剛光菩薩

금강광보살(Ⓢ Vajra-teja, Ⓣ rdo dre 'od)은 금강계 37존 중 16대보살의 하나이다. 금강계만다라의 여러 회에서 남방 보생불의 사친근 중에서 두 번째로서 보생불(대일여래를 향했을 때)의 오른쪽 즉, 동방에 위치해있다. 범어 명칭은 '바즈라테자(Vajra-teja)'로 금강위광金剛威光이라 해석하며 일체여래의 복덕의 큰 위광威光으로 유정계有情界를 비추고, 중생을 위해 교법을 설하며 미망迷妄을 각성시키는 존이다. 금강위덕金剛威德, 불광佛光, 금강일金剛日, 최승광最勝光, 마하광摩訶光焔, 금강휘金剛輝, 마하위덕摩訶威德, 대위광보살大威光菩薩이라고도 불린다.

【형상】	공양회에서 이 본존은 양손에 일륜형이 올려진 연꽃을 들고 있다. 성신회에서는 좌권을 전면 좌측에 붙이고 오른손에는 일륜형을 올려 가슴에 붙이고 있다.
【밀호】	위덕금강威德金剛, 위광금강威光金剛
【종자】	암(暗, aṃ), 타(多, ta)
【삼매야형】	일륜
【수인】	갈마회에서는 두 손을 금강권을 취고 가슴 앞에 두어서 일륜을 굴린다. 삼매야회에서는 금강권을 바깥으로 엮어 두 엄지를 세우고 두 검지를 편하게 굽혀 금강보의 수인을 하고 중지, 약지, 소지의 남은 여섯 손가락을 모두 펴서 열고 세 번 돌린다. 공양회에서도 바깥으로 엮고 가슴 위에서 일륜과 같게 돌린다.
【진언】	<성신회> <갈마회> 옴 바즈라 테자 암 唵 嚩日囉 帝惹 暗 oṃ vajra teja aṃ <삼매야회> 루포디요타 嚕褒儞庾多 rūpoddyota <공양회> 옴 나마 사르바 타타가타 수리에비요 바즈라 테지니 즈발라 히 唵 那莫 薩嚩怛他誐多 蘇哩曳毘喩 嚩日囉 帝爾儞 入嚩囉 以翊 oṃ namaḥ sarva tathāgata sūryebhyo vajra tejini jvala hīḥ

금강당보살金剛幢菩薩

금강당보살(Ⓢ Vajra ketu, Ⓣ rdo rje rgyal mtshan)은 금강계 37존 중 16대 보살의 하나이다. 금강계만다라의 여러 회에서 남방 보생불의 사친근 중 3번째로 보생불(대일여래를 향했을 때) 왼쪽 즉, 서쪽에 위치해있다. 범어 명칭은 '바즈라케투(Vajra ketu)'이며 금강당金剛幢이라 해석하는데, 수행의 덕을 당기와 같이 높이 들고 널리 전하는 길을 지시하는 보살이다. 밀호는 원만금강願滿金剛이다. 선리중생善利衆生, 금강광金剛光, 선환희善歡喜, 보당寶幢, 대금강大金剛, 금강리金剛利, 금강보복金剛寶伏 등으로도 불린다.

【형상】 성신회에서 이 본존의 몸체는 살색이며 두 손으로 기류旗旒*가 있는 당번幢旛을 들고 있다. 공양회와 미세회에서는 연꽃 위에 보주가 있는 당幢을 양손으로 잡고 있다.

【밀호】 원만금강圓滿金剛, 원만금강願滿金剛

【종자】 트람(多藍, trāṃ), 프티(必底, pti)

【삼매야형】 여의당如意幢

【수인】 갈마회에서 수인은 두 주먹을 세우고 오른쪽 팔꿈치에 왼 주먹을 올려 깃발과 같이 만든다. 삼매야회에서는 두 검지의 끝을 서로 맞대어 굽히고 두 엄지와 약지와 소지를 세운다. 공양회에서는 금강박金剛縛을 정수리 위에 두고 두 팔을 길게 편다.

【진언】 <성신회> <갈마회>

옴 바즈라 케투 트람
唵 跋折羅 計都 多藍
oṃ vajra ketu trāṃ

<삼매야회>

아르타 프라프티
遏囉他 鉢囉必底
artha prāpti

<공양회>

옴 나마하 사르바 타타가타 샤 파리푸라나 친타마니 드바자 그리 비요 바즈라 드바자 그리 트람
唵 娜莫 薩嚩怛他誐多 捨 跛哩布囉拏 眞多摩尼 特嚩惹 吃梨 驃 嚩日囉 特嚩惹 吃哩 怛藍 oṃ namaḥ sarva tathāgata śā paripūraṇa cintamaṇi dhvajā gri bhyo vajra dhvajā gri trāṃ

*기류: 기드림, 중요한 깃발의 위에 달던 좁고 긴 띠를 말한다.

금강소보살金剛笑菩薩

금강소보살(Ⓢ Vajra-hāsa, Ⓣ rdo rje bzhad pa)은 금강계 37존 중 16대 보살의 하나이다. 금강계만다라의 여러 회에서 남방 보생불의 사친근 중 네 번째로 보생불(대일여래를 향했을 때)의 뒤쪽 즉, 남방에 위치해있다. 범어 명칭은 '바즈라하사(Vajra-hāsa)'로 금강소金剛笑라 해석한다. 희열의 삼매에 주하고 일체중생에게 환희미소를 시여하는 존상이므로 마하소(摩訶笑), 마하희유摩訶希有, 악환희樂歡喜, 금강애金剛愛, 금강환희金剛歡喜, 허공소虛空笑라고도 불린다.

【형상】	성신회에서 이 존은 몸체가 살색이고 두 손은 귀 옆으로 올리고 주먹을 쥐어 귀 뒤를 누르는 듯한 형상을 한다. 미세회에서도 위의威儀가 같다. 공양회에서 이 본존은 양손에 연꽃을 잡고 있는데, 연꽃 위에 삼고저가 가로로 눕혀져 있다.
【밀호】	희열금강喜悅金剛, 환희금강歡喜金剛
【종자】	하(郝, haḥ)
【삼매야형】	소저笑杵
【수인】	갈마회에는 두 주먹을 쥐고 입가로 올려서 푼다. 삼매야회에서는 바깥으로 엮은 두 검지의 끝을 서로 모아 반대로 굽히고 금강당金剛幢의 수인을 반대로 열어 입가에서 푼다. 공양회에는 입 위의 미소 짓는 부분에서 금강박金剛縛을 푼다.
【진언】	<성신회> <갈마회> 옴 바즈라 하사 하 唵 嚩日囉 賀娑 郝 oṃ vajra hāsa haḥ <삼매야회> 하하하 훔 하 賀賀賀 吽 郝 ha ha ha hūm haḥ <공양회> 옴 나마 사르바 타타가타 마하 프리티 프라모디야 카레 비요 바즈라 하세 하 唵 娜莫 薩嚩怛他誐多 摩訶 必哩底 鉢羅母禰耶 迦黎 驃 縛日囉 賀西 郝 oṃ namaḥ sarva tathāgata mahā prīti pramodya kare bhyo vajra hāse haḥ

금강법보살金剛法菩薩

금강법보살(Ⓢ Vajra dharma, Ⓣ rdo rje chos)은 금강계 37존 중 16대 보살 중 하나이다. 서방 아미타불의 사친근 중 첫 번째로 금강계만다라의 여러 회에서 아미타불(대일여래를 향했을 때)의 앞 즉, 동방에 위치해있다. 범어 명칭은 '바즈라달마'이며 금강법金剛法이라 해석한다. 이 본존은 모든 법의 본성이 청정하다는 이치를 증득하기 때문에 청정금강清淨金剛이라고도 하며 이 이치는 연꽃이 진흙에 물들지 않는 것과 같아 비유하여 연화금강蓮華金剛이라 한다.

【형상】	성신회에서의 몸체는 살색이며 왼손에는 연꽃을 들고 있고 오른손은 펼쳤다. 미세회에서는 왼손바닥을 무릎 위를 향하도록 하고 오른손은 설법인說法印이다. 혹은 오른손에 연꽃 줄기를 잡고 왼손으로 줄기의 뿌리를 받치고 있다. 공양회에서는 양손으로 연꽃을 들고 있으며 연꽃 위에는 독고저와 아직 꽃잎이 피지 않은 연꽃이 있다.
【밀호】	정법금강正法金剛, 연화금강蓮華金剛, 청정금강清淨金剛
【종자】	흐리(紇哩, hrīḥ), 리(哩, ri)
【삼매야형】	독고저를 연꽃 위에 세운 형상
【수인】	갈마회에는 왼손에 연꽃을 들고 있으며 오른손은 엄지손가락을 세워서 열고 있는 모습을 한다. 삼매야회에는 바깥으로 엮은 두 엄지를 세워 두 검지를 굽혀 연꽃과 같게 한다. 공양회에는 바깥으로 엮고 입 위에 둔다.

【진언】

<성신회> <갈마회>

옴 바즈라 다르마 흐리히

唵 嚩日囉 達磨 紇哩

oṃ vajra dharma hrīḥ

<삼매야회>

사르바 카리

薩嚩 迦哩

sarva kāri

<공양회>

옴 사르바타타가타 바즈라 다르마타 사마디 비야하 스투토미 마하 다르마그리 흐리히

唵 薩嚩怛他誐多 嚩日囉 達磨多 三摩地 避 薩覩努彌 摩訶 達磨吃哩 頡利

oṃ sarva tathāgata vajra dharmatā samādhi bhyaḥ stutomi mahā dharmāgri hrīḥ

금강리보살金剛利菩薩

금강리보살(Ⓢ Vajra tikṣṇa, Ⓣ rdo rje rnon po)은 금강계 37존 중 16대 보살의 하나이다. 금강계만다라의 여러 회에서 서방 아미타불의 사친근 중 두 번째로 아미타불(대일여래를 향했을 때)의 오른쪽 즉, 남쪽에 위치해있다. 범어 명칭인 '바즈라티크슈나'는 금강리金剛利, 금강검金剛劍이라 해석하며, 일체유정에 반야의 바른 지혜를 일어나게 하고 일체의 번뇌를 단제하는 것을 본서로 한다. 마하연摩訶衍, 마하기장摩訶器仗, 문수사리文殊師利, 금강장金剛藏, 금강심심金剛甚深, 금강각金剛覺 등으로도 불린다.

【형상】	성신회에서는 몸체가 금색이며 왼손에 꽃을 들고 있으며 꽃 위에는 범협梵篋이 있고 오른손에는 이검利劍을 들고 있다. 미세회에서의 이와 유사하다. 공양회에서는 양 손으로 연꽃을 잡고 있으며 연꽃 위에는 검이 서 있다.
【밀호】	반야금강般若金剛, 제죄금강除罪金剛
【종자】	드함(淡, dhaṃ)
【삼매야형】	이검利劍
【수인】	갈마회는 왼손에 꽃을 들고 있다고 생각하고 오른손은 검을 들고 있는 것 같이 한다. 삼매야회에서는 엮은 두 중지를 세워 윗마디를 굽혀 검과 같게 한다. 공양회에는 바깥으로 엮어 오른쪽 귀에 둔다.
【진언】	<성신회> <갈마회> 옴 바즈라 티크슈나 담 唵 嚩日囉 底乞瑟拏 淡 oṃ vajra tikṣṇa dhaṃ <삼매야회> 두카 체다 耨佉 砌那 duḥkha cheda <공양회> 옴 사르바타타가타 프라즈나 파라미타 비야하 니르크레 스투토미 마하고샤누게 담 唵 薩嚩怛他誐多 鉢囉枳惹 波羅密多 避 涅哩賀嚇 薩覩努弭 摩訶具沙努霓 淡 oṃ sarva tathāgata prajñā pāramitā bhyaḥ nirkre stutomi mahāghoṣānuge dhaṃ

금강인보살金剛因菩薩

금강인보살(Ⓢ Vajra-hetu, Ⓣ rdo rje rgyu)은 금강계 37존 중 16대 보살의 하나이다. 금강계만다라의 여러 회에서 서방 아미타불의 사친근 중 3번째로 아미타불(대일여래를 향했을 때)의 왼쪽 측, 북방에 위치해있다. 범어 명칭은 '바즈라헤투(Vajra-hetu)'로 금강인金剛因이라 해석하며 여래 전법륜의 인덕因德을 관장 일체중생의 악惡의 종자를 없애기 때문에 금강륜金剛輪, 마하이취摩訶理趣, 대견실大堅實, 묘전륜妙轉輪, 금강기金剛起, 금강도량金剛道場 등으로 일컫는다.

【형상】	성신회에서의 이 본존의 몸은 살색이며 왼손은 주먹을 쥐어 허리에 두고 오른손은 바퀴를 들고 있다. 미세회에서는 가슴 앞에서 양손으로 바퀴를 들고 있다. 공양회의 경우 양손으로 바퀴가 올려진 연꽃을 잡고 있다.
【밀호】	불퇴금강不退金剛, 보리금강菩提金剛
【종자】	맘(鋡, maṃ), 디(地, dhi)
【삼매야형】	팔폭륜八輻輪
【수인】	갈마회에서 수인은 주먹을 뒤집어 두 엄지로 받쳐서 배꼽에 수평으로 돌린다. 삼매야회에는 두 손의 중지를 엮어 안으로 넣고 검지와 엄지를 세우고 교차시킨다. 공양회에는 외박外縛해서 왼쪽 귀(『약출경』에는 오른쪽 귀)에 둔다.
【진언】	<성신회> <갈마회> 옴 바즈라 헤투 맘 唵 嚩日囉 係覩 鋡 oṃ vajra hetu maṃ <삼매야회> 붇다 보디 母馱 冒地 buddha bodhi <공양회> 옴 사르바 타타가타 차크라크샤라 파리바르타나 사르바 수트란타 나야야하 스투토미 사르바 만다레 훔 唵 薩嚩怛他誐多 斫羯羅乞叉囉 鉢利韈怛那 薩嚩 蘇怛頼多 奈耶譯 薩覩努弭 薩嚩 曼荼黎 吽 oṃ sarva tathāgata cakrākṣara parivartana sarva sūtrānta nayayaḥ stutomi sarva maṇḍale hūṃ

금강어보살金剛語菩薩

금강어보살(Ⓢ Vajra-bhāṣa, Ⓣ rdo rje gsung)은 금강계 37존 중 16대 보살의 하나이다. 만다라의 여러 회에서 서방 아미타불의 사친근 중 4번째로 아미타불(대일여래를 향했을 때)의 등 뒤 즉, 서쪽에 위치해있다. 범어 명칭은 '바즈라바샤(Vajra-bhāṣa)'이다. 이 보살은 비밀스럽고 미묘한 언어로서 중생의 희론戱論의 망언설妄言說을 끊어 없애며, 금강염송金剛念誦, 능수실지能授悉地, 무언설無言說, 금강상실지金剛上悉地, 금강언설金剛言說, 무언보살無言菩薩이라고도 불린다.

【형상】 성신회에서 몸체는 살색이며 왼손은 주먹을 쥐어 허리에 편하게 두고 오른손은 가슴 앞에서 여래설如來舌 즉, 혀 가운데에 삼고저의 형상이 있다. 미세회에서는 오른손에 시무외인을 하고 있다. 공양회에서는 연꽃 위에 삼고저를 세워놓고 양손으로 들고 있다.

【밀호】 성공금강性空金剛, 묘어금강妙語金剛

【종자】 람(濫, raṃ), 브다(bda)

【삼매야형】 삼고저

【수인】 갈마회에서의 수인은 두 손으로 금강권金剛拳을 쥐고 나란히 하여 입에 두어 우러르게 하고 푼다. 삼매야회에서는 외박한 두 검지를 연꽃의 모양으로 만들고 두 엄지를 열고 눕혀서 붙인다. 공양회에는 바깥으로 엮고 정수리 뒤에 둔다고 한다.

【진언】

<성신회> <갈마회>

옴 바즈라 바사 람

唵 嚩日囉 婆沙 濫

oṃ vajra bhaṣa raṃ

<삼매야회>

프라티 사브다

鉢囉底 攝那

prati śabda

<공양회>

옴 사르바타타가타 삼다 바샤 붇다 상기티비르 가남 스투토미 바즈라 바체 차하

唵 薩嚩怛他誐多 散馱婆沙 沒馱 僧擬底避 誐南 薩覩努弭 嚩日囉 嚩制 斫

oṃ sarva tathāgata samdha bhāṣa buddha saṃgītibhir gānam stutomi vajra vāce caḥ

금강업보살金剛業菩薩

금강업보살(Ⓢ Vajra-karma, Ⓣ rdo rje las)은 금강계 37존 중 16대 보살의 하나이다. 금강계만다라의 여러 회에서 북방불공성취불의 사친근 중 첫 번째로 불공성취불(대일여래를 향했을 때)의 앞 즉, 남쪽에 위치해있다. 범어 명칭은 '바즈라카르마(Vajra-karma)'로 금강업金剛業이라 해석한다. 여래의 사업의 덕을 관장하며 일체중생으로 하여금 일체여래 제보살에 대한 공야사업을 성취시키는 보살로 금강교업金剛巧業, 금강불공金剛不空, 금강묘교金剛妙教, 보편일체처普遍一切處, 금강대관광金剛大寬廣, 비수갈마보살毘首羯磨菩薩 등으로 불린다.

【형상】	성신회에서의 몸체는 살색이며 두 손은 합장을 하여 정수리 위에 올린다. 미세회에서도 이와 같다. 공양회에서는 연꽃 위에 갈마금강을 올리고 양 손으로 잡고 있다.
【밀호】	선교금강善巧金剛, 변사금강辯事金剛
【종자】	캄(劍, kaṃ), 트밤(怛鑁, tvaṃ)
【삼매야형】	갈마금강羯磨金剛
【수인】	갈마회에서의 수인은 금강권을 쥐고 먼저 두 엄지를 펴서 가슴과 양 빰에서 돌리고 금강합장金剛合掌을 한 뒤 정수리에 둔다. 삼매야회에서는 검지, 중지, 약지로 깍지를 끼고 뒤집은 다음 엄지와 각 소지의 손톱에 댄다. 공양회에는 외박을 하고 정수리 위에 편하게 둔다
【진언】	<성신회> <갈마회> 옴 바즈라 카르마 캄 唵 嚩日囉 羯磨 劍 oṃ vajra karma kaṃ <삼매야회> 수바시 트밤 蘇嚩始 怛鑁 suvaśi tvaṃ <공양회> 옴 사르바타타가타 두파메가 사무드라 스파라나 푸자 카르메 카라 카라하 唵 薩嚩怛他誐多 度播冥伽 三母捺囉 薩發囉拏 布惹 羯迷 迦囉 迦略 oṃ sarva tathāgata dhūpamegha samudra spharaṇa pūjā karme kara karaḥ

금강호보살金剛護菩薩

금강호보살(Ⓢ Vajra-rakṣa, Ⓣ rdo rje srung ba)은 금강계 37존 중 16대 보살의 하나이다. 금강계 만다라의 여러 회에서 북방불공성취불의 사친근 중 중 두 번째로 불공성취불(대일여래를 향했을 때)의 오른쪽 즉, 서방에 위치해있다. 범어 명칭인 '바즈라라크샤(Vajra-rakṣa)'는 금강호金剛護라 해석한다. 금강업보살이 활동하는데 마주하는 장애를 타파하기 위해서 정진과 인욕의 갑옷으로 몸을 보호하는 보살이 호보살로 마하무외摩訶無畏, 금강갑주金剛甲冑, 대견고大堅固, 난가적대難可敵對, 난적정진보살難敵精進菩薩, 난승투전용건정진보살難勝鬪戰勇健精進菩薩 또는 금강우보살金剛友菩薩 등으로도 불린다.

【형상】	성신회에서의 몸체는 푸른색이며 금강권을 결하는데, 두 손의 검지를 각각 펴고 나머지 손가락을 굽히고 들어서 겨드랑이 옆에다 둔다. 공양회에서는 갑주를 얹은 연화를 양손에 들고 있다.
【밀호】	정진금강精進金剛, 난적금강難敵金剛
【종자】	함(唅, haṃ), 트밤(怛鑁, tvaṃ)
【삼매야형】	갑주 또는 산개傘蓋
【수인】	갈마회에서의 수인은 두 손은 주먹을 쥐고 갑주를 입고 있는 것과 같이 한다. 삼매야회에서는 외박外縛하여 두 검지를 세우고 바늘과 같게 하며 가슴 앞에 둔다. 공양회에는 외박을 하고 오른쪽 어깨 위에 둔다.
【진언】	<성신회> <갈마회> 옴 바즈라 라크사 함 唵 嚩日囉 囉乞叉 唅 oṃ vajra rakṣa haṃ <삼매야회> 니르바야 트밤 涅槃也 怛鑁 nirbhaya tvaṃ <공양회> 옴 사르바타타가타 푸스파 프라사라 스파라나 푸자 카르메 키리키리히 唵 薩嚩怛他誐多 補澁波 鉢囉娑羅 薩發囉拏 怖惹 羯迷 枳哩枳哩 oṃ sarvatathāgata puṣpa prasara spharaṇa pūjā karme kirikiriḥ

금강아보살金剛牙菩薩

금강아보살(Ⓢ Vajra-yakṣa/Vajra-daṃṣṭra, Ⓣ rdo rje snod sbyin)은 금강계 37존 중 16대 보살의 하나이다. 금강계만다라의 여러 회의 북방불공성취불의 사친근 중 세 번째로 불공성취불(대일여래를 향했을 때)의 왼쪽, 즉, 동방에 위치한다. 범어 이름은 '바즈라야크샤(Vajra-yakṣa)'로 금강용건金剛勇健 또는 금강폭악金剛暴惡이라 해석하며, 불의 교화사업을 달성하는데 교화하기 어려운 존재를 교화하기 위해서 금강같은 엄니로 쇄파하는 보살이다. 밀호는 맹리금강猛利金剛, 호법금강護法金剛, 조복금강調伏金剛이다.

【형상】	성신회에서의 몸체는 황백색이며 두 주먹을 밖으로 향해 가슴에 댄다. 미세회에서는 두 주먹을 안으로 향하게 하며 왼손은 아인牙印을 결하고 오른손은 엄지와 검지를 서로 붙인다. 공양회에서는 양 손에 두 개의 반삼고저半三股杵가 비스듬히 서있는 연꽃을 들고 있다.
【밀호】	맹리금강猛利金剛, 조복금강調伏金剛, 호법금강護法金剛
【종자】	훔(吽, hūṃ)
【삼매야형】	가로로 된 금강저 위에 두 개의 날카로운 이를 놓은 것, 마갈어의 머리
【수인】	갈마회에서의 수인은 금강권을 하고 두 소지와 두 검지를 펴서 입의 양 끝에 둔다. 삼매야회에서는 금강권을 바깥으로 향하게 하고 두 소지를 펴서 세우며, 두 검지를 세워 갈고리처럼 보이게 한다.
【진언】	<성신회> <갈마회> 옴 바즈라 야크사 훔 唵 縛日羅 夜乞叉 吽 oṃ vajra yakṣa hūṃ <삼매야회> 사트루 바크사 捨咄嚕 博乞叉 śatru bhakṣa

금강권보살金剛拳菩薩

금강권보살(Ⓢ Vajra-saṃdhi/Vajra-muṣṭi, Ⓣ rdo rje mtshams sbyor)은 금강계 37존중 16대 보살의 하나이다. 금강계만다라의 여러 회에서 북방불공성취불의 사친근 중 네 번째로 불공성취불(대일여래를 향한다고 하였을 때)의 등 뒤, 즉, 북방에 위치한다. 범어 이름은 바즈라삼디(Vajra-saṃdhi)이며, 일체여래의 인계를 성취하는 실지원만의 덕을 관장하고 중생의 업장을 금강권으로 제거하는 보살이다. 금강권, 금강밀합金剛密合, 선현험善現驗, 금강박金剛縛, 선능해방善能解放, 상승삼마야上勝三摩耶라고도 부른다.

【형상】 성신회에서의 몸체는 청색이고 두 손을 들어 금강권을 결하고 가슴에 대고 있으며, 팔을 조금 굽혀서 아래로 내렸다. 공양회에서는 연꽃 위에 앉아 금강권을 나란히 두고 두 손으로 받들고 있다.

【밀호】 비밀금강祕密金剛

【종자】 밤(鑁, baṃ)

【삼매야형】 연화의 위에 두 개의 금강권이 있다.

【수인】 갈마회에서는 금강권이며 배꼽 앞에서 왼손으로 오른손을 덮는다. 삼매야회에서는 외박外縛하되 엄지로 소지의 뿌리부분을 누르고 이 등을 검지로 건다. 공양회에서는 바깥으로 향하게 하고 가슴 위에 둔다.

【진언】 <성신회> <갈마회>

옴 바즈라 삼디 밤
唵 縛日羅 散地 鑁
oṃ vajra saṃdhi baṃ

<삼매야회>

사르바 싯띠
薩嚩悉地
sarva siddhi

<공양회>

옴 사르바 타따가다 간다 메가 사무드라 스파라나 푸야 카르메 크르크르
唵 薩嚩怛他誐多 皭陀 咩茄三母捺囉 薩發囉拏 布惹 羯迷 矩嚧矩嚧
oṃ sarva tathāgata gandha megha samudra spharaṇa pūjā karme kṛkṛ

금강희희보살金剛嬉戲菩薩

금강희희보살(Ⓢ Vajra-lāsī, Ⓣ rdo rje 'dsin ma)은 금강계 8공양보살 중 내공양보살의 내공양보살의 하나이며, 금강희보살이라고도 한다. 금강계만다라의 여러 회에서 대일여래의 동남방의 월륜에 위치해있다. 범어 명칭은 '바즈라라시(Vajra-lāsī)'로 금강희金剛戲라 해석한다. 동방 아축불의 덕을 공양하는 보살로서 중생이 처음으로 생불불이生佛不二의 보리를 얻고 대환희하는 모습을 나타낸다.

【형상】	성신회에서의 몸체는 검은색이고 천녀의 형상을 하고 있다. 두 손을 양 허리 옆에 두고 왼쪽으로 살짝 머리를 숙였다. 미세회에서는 왼손바닥으로 허리를 덮고 오른손은 주먹을 쥐어 위를 향하게 하고 허리에 두었으며 머리는 왼쪽으로 살짝 숙였다. 공양회에서는 양 손으로 연꽃을 잡고 있으며 연꽃 위에는 삼고저가 있다.
【밀호】	보경금강普敬金剛
【종자】	호하(護, hoḥ), 티(底, ti)
【삼매야형】	휘어져있는 삼고저
【수인】	갈마회에서 수인은 두 손은 주먹을 쥐어 허리 옆에 두고 머리를 왼쪽으로 향하게 하며 살짝 숙인다. 삼매야회에서는 외박外縛을 하고 두 엄지를 눕혀서 세운다.

【진언】 <성신회> <갈마회>

옴 바즈라 라세 호하

唵 嚩日囉 邏細 護

oṃ vajra lāsye hoḥ

<삼매야회>

마하 라티

摩訶 囉底

mahā rati

금강만보살金剛鬘菩薩

금강만보살(Ⓢ Vajra mālā, Ⓣ rdo rje phreng ba ma)은 금강계 8공양보살 중 내공양보살의 하나이다. 만다라의 여러 회에서 대일여래의 서남쪽에 있는 월륜에 위치해있다. 범어 명칭은 '바즈라마라(Vajra mālā)'로 금강만金剛鬘이라 해석하는데, 대일여래가 보생불로부터 복덕의 공양에 보답해서 화만華鬘을 나타낸 보살이다.

【형상】	성신회와 미세회에서 이 본존의 몸체는 백황색白黃色이며 천녀의 형상을 하고 있으며 두 손으로 화만華鬘을 들고 있다. 공양회에서는 양 손으로 화만이 올려진 연꽃을 들고 있다.
【밀호】	묘엄금강妙嚴金剛
【종자】	트라트(怛囉吒, traṭ), 베(陛, bhe)
【삼매야형】	보만寶鬘
【수인】	갈마회에서는 두 손으로 주먹을 쥐어 계만繫鬘을 하고 이마와 정수리 뒤에 놓는다. 삼매야회에서는 외박外縛을 하고 팔을 펴서 이마에 올린다.

【진언】

<성신회> <갈마회>

옴 바즈라 말레 트라트

唵 嚩日囉 摩隸 怛囉吒

oṃ vajra māle traṭ

<삼매야회>

루파 스포베

路波戍陛

rūpa śpobhe

금강가보살金剛歌菩薩

금강가보살(Ⓢ Vajra-gītā, Ⓣ rdo rje glu ma)은 금강계 37존 중 8공양보살 중 하나이다. 만다라의 성신회, 삼매야회, 미세회, 공양회 등의 여러 회에서 대일여래의 서방의 월륜에 위치해있다. 범어 명칭 '바즈라기타(嚩日囉擬多)'를 금강가金剛歌라 해석한다.

【형상】	성신회에서의 몸체는 흰색이며 천녀의 형상이다. 왼손에는 공후箜篌를 들고 오른손으로 공후를 뜯고 있다. 미세회 역시 이와 같다. 공양회에서는 연꽃 위에 공후를 올려서 양손으로 잡고 있다.
【밀호】	묘음금강妙音金剛, 무외금강無畏金剛
【종자】	기(擬, gīḥ), 크야(契, khya)
【삼매야형】	금강공후金剛箜篌
【수인】	갈마회에서 수인은 두 주먹을 쥐어 그 측면을 서로 합치고 배꼽에서 입에 이르게 한다. 삼매야회에서는 금강합장金剛合掌을 하고 배꼽에서 입까지 우러르게 하고 푼다.
【진언】	<성신회> <갈마회> 옴 바즈라 기테 기히 唵 嚩日囉 擬帝 擬 oṃ vajra gīte gīḥ <삼매야회> 슈로트라 사우크야 輸路怛囉 燥契 śrotra sāukhya

금강무보살金剛舞菩薩

금강무보살(Ⓢ Vajra nṛtā, Ⓣ rdo rje gar ma)은 금강계 8공양보살 중 내공양보살의 하나이다. 만다라의 여러 회에서 대일여래의 동북쪽 월륜에 위치해있다. 범어 명칭인 '바즈라느리타(Vajra nṛtā)'는 금강무金剛舞라 해석하며, 불공성취불의 공양에 응하여 묘무의 모습을 나타낸 것이다.

【형상】	성신회에서의 몸체는 푸른색이며 천녀의 형상을 하고 있다. 왼손과 오른손의 다섯 손가락을 펴서 왼손바닥은 오른쪽 무릎을 덮고 오른손바닥은 가슴에 대어서 춤추는 형상舞儀을 이룬다. 미세회에서는 왼손바닥을 오른쪽 무릎 위에 올려 바깥으로 향하게 하며, 왼쪽 팔꿈치를 좍 편 손바닥으로 세우고 중지와 약지를 굽힌다. 공양회에서는 양손으로 보주寶珠가 올려진 연꽃을 잡고 있다.
【밀호】	묘통금강妙通金剛, 신통금강神通金剛
【종자】	크리트(訖哩吒, kṛṭ)
【삼매야형】	갈마저羯磨杵 또는 십자금강저十字金剛杵, 십자독고저十字獨鈷杵
【수인】	갈마회에서는 두 주먹으로 무희舞戱를 하고 빙빙 돌리며 금강합장金剛合掌을 정수리에 둔다. 삼매야회에서는 외박外縛을 풀어서 돌면서 춤을 추고 금강합장을 해서 정수리에 둔다.
【진언】	<성신회> <갈마회> 옴 바즈라 느리티 크리트 唵 嚩日囉 涅嘌帝 訖哩吒 oṃ vajra nṛti kṛṭ <삼매야회> 사르바 푸지 薩婆 布而 sarva pūji

금강분향보살金剛焚香菩薩

금강분향보살(Ⓢ Vajra-dhūpā, Ⓣ rdo rje bdug pa ma)은 금강계 8공양보살 중 외공양보살의 외공양보살의 하나이며, 금강향보살이라고도 한다. 만다라의 여러 회에서 제 1중重의 동남쪽 모퉁이에 위치해있다. 범어 명칭인 '바즈라두파嚩日囉度波'는 금강향金剛香이라 해석하며 이 향은 태우는 향(焚香)을 의미한다. 태우는 향은 사방에 널리 향기롭게 하는 것이 빠르고 단정하며 엄숙하여서 막힘이 없기 때문이다.

【형상】	성신회에서 이 본존은 검은색이며 천녀의 형상을 하고 있다. 병으로 된 향로를 양손으로 들고 있다. 미세회와 공양회 역시 성신회와 대략 비슷하다. 공양회에는 연꽃에 향로를 올려서 양손으로 잡고 있다.
【밀호】	속질금강速疾金剛, 단엄금강端嚴金剛
【종자】	아하(婀, aḥ)
【삼매야형】	향로
【수인】	갈마회에서 수인은 주먹을 나란히 해서 아래를 향해 흐트러뜨려 향연기가 두루 퍼지게 한다. 삼매야회에서는 묶고 나서 아래로 푼다.

【진언】

<성신회> <갈마회>

옴 바즈라 두페 아하

唵 嚩日囉 度箄 婀

oṃ vajra dhūpe aḥ

<삼매야회>

프라흐라니

鉢囉訶邏儞儞

prahlanni

<공양회>

옴 사르바 타타가타 두파 푸자 메가 사무드라 스파라나 사마예 훔

唵 薩嚩怛他誐多 度波 布惹 咩伽 三母捺羅 薩發囉拏 三摩曳 吽

oṃ sarva tathāgata dhūpa pūjā megha samudra spharaṇa samaye hūṃ

금강화보살金剛華菩薩

금강화보살(Ⓢ Vajra-puṣpā, Ⓣ rdo rje me tog ma)은 금강계 8공양보살 중 외공양보살의 하나이다. 만다라의 여러 회에서 제 1중重 서남쪽 모퉁이에 위치한다. 범어 명칭인 '바즈라푸스파(Vajra-puṣpā)'를 금강화金剛華라 해석한다.

【형상】 성신회에서의 몸체는 옅은 황색이며 천녀天女의 형상을 하고 있다. 꽃이 가득 담긴 그릇을 두 손으로 받들고 있다. 미세회도 대략 비슷하다. 공양회에는 연꽃을 양손으로 잡고 있으며 연꽃 위에는 꽃을 올려놓았다.

【밀호】 묘색금강妙色金剛, 청정금강淸淨金剛

【종자】 옴(唵, oṃ)

【삼매야형】 성화기盛花器

【수인】 갈마회의 수인은 금강권을 쥐고 위를 향하게 해서 흐트러뜨려 봉헌奉獻하는 것과 같게 한다. 삼매야회에서는 엮고 위를 향하게 해서 열고 바쳐서 올린다.

【진언】 <성신회> <갈마회>

옴 바즈라 푸스페 옴
唵 嚩日囉 補澁跛 唵
oṃ vajra puṣpe oṃ

<삼매야회>

파라 가미
破邏誐弭
phalā gami

금강등보살金剛燈菩薩

금강등보살(Ⓢ Vajrālokā, Ⓣ rdo rje mar me ma)은은 금강계 8공양보살 중 외공양보살의 하나이다. 만다라의 여러 회에서 제 1중重의 서북쪽 모퉁이에 위치한다. 범어 명칭은 '바즈라로카(Vajrālokā)'로 금강광명金剛光明이라 해석한다. 지혜의 등불을 널리 법계에 비춰서 무명無明의 어리석은 어둠을 걷어낸다.

【형상】	성신회에서의 몸체는 백색이며 천녀의 형상을 하고 있고 등기燈器를 양손으로 들고 있다. 미세회의 형상도 이와 유사하다. 공양회에서 이 본존은 연꽃 위에 등촉燈燭을 올려놓고 양손으로 잡고 있다.
【밀호】	보조금강普照金剛, 제암금강除暗金剛
【종자】	디히(𠼝, dīḥ)
【삼매야형】	등촉燈燭
【수인】	갈마회는 두 손에 금강권을 쥐고 서로 마주보게 하며 두 엄지를 바늘처럼 세운다. 삼매야회에서는 외박外縛을 하고 두 엄지를 바늘과 같게 한다.

【진언】

<성신회> <갈마회>

옴 바즈라로케 디히

唵 嚩日囉路計 𠼝

oṃ vajrāloke dīḥ

<삼매야회>

소 테야 그리

素 帝惹 擬哩

su tejā gri

<공양회>

옴 사르바타타가타 디파 푸자 메가 사무드라 스파라나 사마예 훔

唵 薩嚩怛他誐多 𠼝波 布惹 咩伽 三母捺羅 薩發囉拏 三摩曳 吽

oṃ sarva tathāgata dipa pūjā megha samudra spharaṇa samaye hūṃ

금강도향보살金剛塗香菩薩

금강도보살(Ⓢ Vajra-gandhā, Ⓣ rdo rje dri chab ma)은 금강계 37존 중 외공양보살의 하나이다. 만다라의 여러 회에서 제 1중重의 동북쪽 모퉁이에 위치한다. 범어 명칭인 '바즈라간다(Vajra-gandhā)'는 금강향金剛香이라 해석한다. 이 본존은 향을 몸에 발라 집착과 번뇌를 떠나게 하여 깨끗하고 상쾌하도록 만든다.

【형상】	성신회에서 이 본존은 푸른색이며 천녀의 형상을 하고 있다. 왼손에는 도향그릇(塗香器)을 들고 있으며 오른손은 향을 칠하고 있는 형상을 하고 있다. 미세회에는 왼손에 그릇을 들고 있으며 오른손은 주먹을 쥐어 그릇 옆에서 세워놓는다. 공양회에는 양 손으로 연꽃을 잡고 있으며 연꽃 위에는 도향그릇이 있다.
【밀호】	청량금강淸凉金剛, 승정금강勝淨金剛
【종자】	가하(虐, gaḥ)
【삼매야형】	도향기塗香器
【수인】	갈마회에서 수인은 금강권으로 쥐고 손바닥을 펴서 가슴에 댄다. 매야회에서는 엮은 것을 풀어서 가슴을 어루만진다.
【진언】	<성신회> <갈마회> 옴 바즈라 간데 가하 唵 嚩日囉 巘第 虐 oṃ vajra gandhe gaḥ <삼매야회> 수 간다앙기 素 巘蕩擬 su gandhāṅgi <공양회> 옴 사르바 타타가타 간다 디파 푸자 메가 사무드라 스파라나 사마예 훔 唵 薩嚩怛他誐多 巘陀 布惹 咩伽 三母捺羅 薩發囉拏 三摩曳 吽 oṃ sarva tathāgata gandha dipa pūjā megha samudra spharaṇa samaye hūṃ

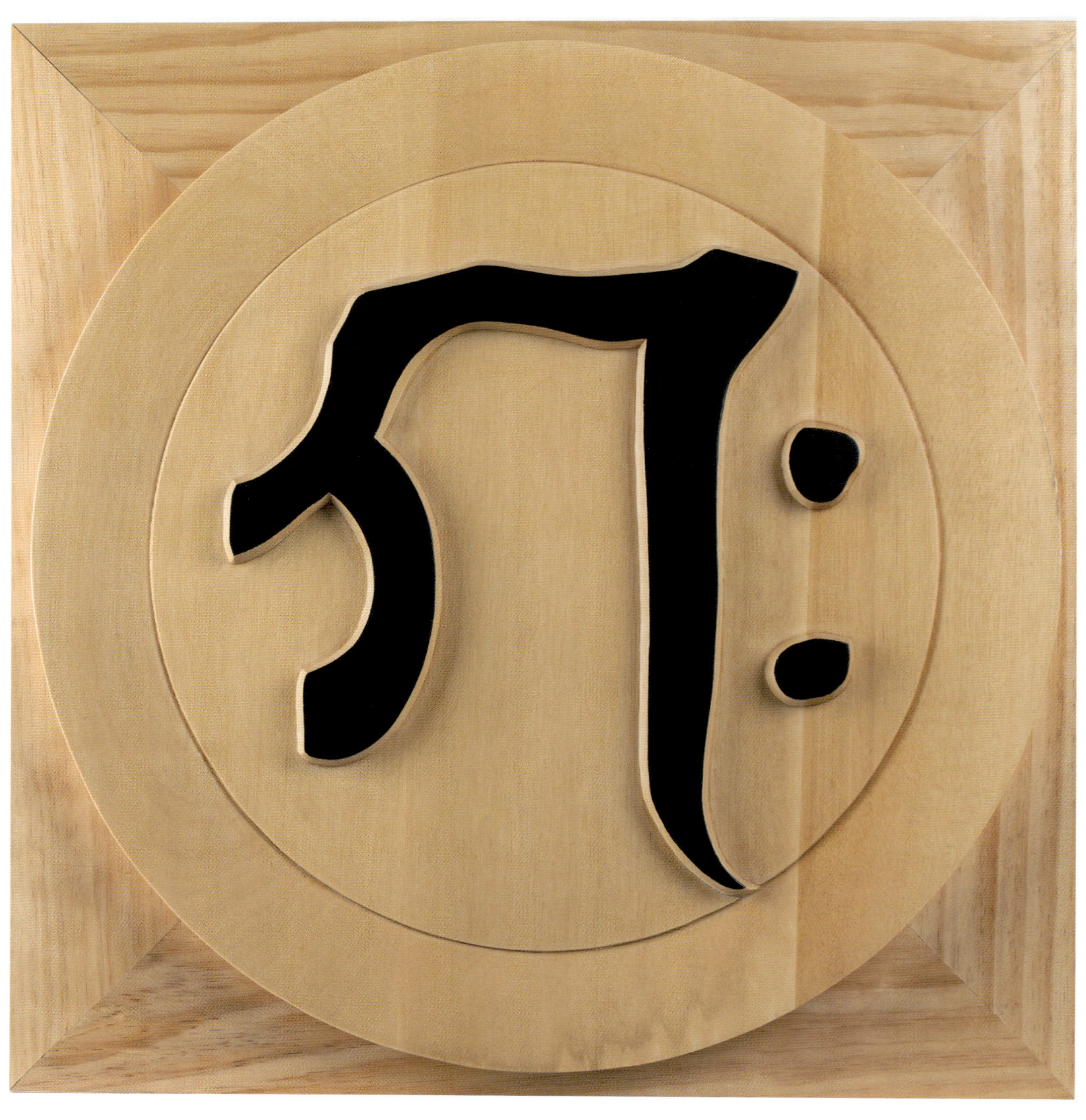

금강구보살金剛鈎菩薩

금강구보살(Ⓢ Vajrāṅkuṣa. Ⓣ rdo rje rcags kyu)은 금강계 37존 중 사섭보살四攝菩薩의 하나이다. 만다라에서 제 1중重에서 동문東門에 위치한다. 범어 명칭은 '바즈라쿠샤(Vajrāṅkuṣa)'이며 금강구金剛鉤라 해석하며, 대일여래가 대비의 구심鉤心을 가지고 일체중생을 이익케 하기 위해 구소鉤召의 삼매에 주하여 이 보살을 출생하였다.

【형상】	성신회에서의 몸체는 검은색이며 왼손은 주먹을 쥐고 허리에 두고 오른손에는 갈고리(鉤)를 잡고 있다. 미세회, 이취회理趣會, 항삼세회降三世會에서도 이와 유사하다. 공양회에서는 삼고구三股鉤가 올려진 연꽃을 들고 있다.
【밀호】	보집금강普集金剛, 소집금강召集金剛, 구인금강鉤引金剛
【종자】	자(jaḥ)
【삼매야형】	금강구金剛鉤
【수인】	갈마회에서 수인은 양 손은 주먹을 쥐고 서로 등지게 한 다음 소지를 갈고리처럼 엮고 왼손 검지는 세우고 오른손 검지로 갈고리처럼 만든다. 삼매야회에서는 양손을 외박外縛하고 두 검지를 갈고리 모양으로 만든다.
【진언】	<성신회> <갈마회> 옴 바즈라앙쿠샤 자하 唵 嚩日囉矩捨 弱 oṃ vajrāṅkuṣa jaḥ <삼매야회> 아야히 자하 阿夜呬 弱 āyāhi jaḥ

금강색보살金剛索菩薩

금강색보살(Ⓢ Vajra-pāśa, Ⓣ rdo rje zhags pa)은 금강계 37존 중 사섭보살의 하나이다. 만다라 제 1중重에서 남문南門에 위치한다. 범어 명칭인 '바즈라파샤(Vajra-pāśa)'는 금강색金剛索이라 해석한다. 자비심으로 평등하게 중생들을 이끌어 불도에 들어가게 한다.

【형상】 성신회에서의 몸체는 백황白黃색이며 왼손은 주먹을 쥐어 허리에 두고 오른손은 사삭蛇索*을 쥐고 있다. 미세회, 항삼세회에서는 오른손에 견색羂索을 들고 있다. 공양회에서는 양손으로 밧줄이 올려진 연꽃을 들고 있다.

【밀호】 등인금강等引金剛, 자인금강慈引金剛

【종자】 훔(吽, hūṃ)

【삼매야형】 금강색金剛索

【수인】 갈마회에서의 수인은 두 손을 주먹을 쥐고 서로 등지게 해서 두 소지를 갈고리처럼 교차시키며, 두 엄지는 서로 받쳐서 올가미처럼 한다. 삼매야회에서는 양 손을 외박外縛하고 오른손 검지를 왼손 검지 사이에 넣는다.

【진언】 <성신회> <갈마회>

옴 바즈라 파샤 훔

唵 嚩日囉 播捨 吽

oṃ vajra pāśa hūṃ

<삼매야회>

아히 훔훔

阿呬 吽吽

ahi(蛇 즉, 索), hūṃhūṃ

*사삭: 구불구불한 밧줄.

금강쇄보살金剛鎖菩薩

금강쇄보살(Ⓢ Vajra-sphoṭa/Vajra-śṛṅkhala, Ⓣ rdo rje lcags sgrogs)은 금강계 37존 중 사섭보살의 하나이다. 만다라 제 1중重의 서문西門에 위치한다. 중생들의 보리심을 일으켜서 불도佛道에 묶고 편안하게 머물 수 있게 하고 악도惡道를 끊어버림을 의미한다.

【형상】	성신회에서의 몸체는 살색이며 왼손은 주먹을 쥐고 허리에 두었으며 오른손으로 사슬을 잡고 있다. 미세회 역시 이와 유사하다. 공양회에서는 연꽃 위에 사슬을 올려서 양손으로 잡고 있다.
【밀호】	견지금강堅持金剛, 묘주금강妙住金剛
【종자】	밤(鑁, baṃ)
【삼매야형】	금강쇄金剛鏁
【수인】	갈마회에서의 수인은 양손은 주먹을 쥐고 서로 등지게 해서 두 소지로 서로 갈고리처럼 교차시키며, 두 검지를 갈고리처럼 엮어서 쇠사슬처럼 만든다. 삼매야회에서는 외박外縛을 하고 두 손의 엄지를 서로 비틀어 쇠사슬과 같게 한다.
【진언】	<성신회> <갈마회> 옴 바즈라 스포타 밤 唵 嚩日囉 薩普吒 鑁 oṃ vajra sphoṭa baṃ <삼매야회> 헤 스포타 밤 係 薩普吒 鑁 he sphoṭa baṃ

금강령보살金剛鈴菩薩

금강령보살(Ⓢ Vajrāveśa, Ⓣ rdo rje 'bebs pa)은 금강계 37존 중 사섭보살의 하나이다. 만다라 제 1중重의 북문에 위치해있다. 범어 명칭인 '바즈라베샤(Vajrāveśa)'는 금강편입金剛遍入의 뜻이며 모든 곳에 두루 퍼져서 들어갈 수 있는 방울소리에 견줄 수 있다. 현교顯教의 사섭문四攝門에 견주면 동사同事에 해당한다.

【형상】	성신회에서의 몸체는 푸른색이며 왼손은 주먹을 쥐어 허리에 두고 오른손은 방울을 들어 가슴에 대고 있다. 미세회에서는 왼손에 방울을 들어 허리에 두고 오른손은 주먹을 쥐어 가슴에 댄다. 공양회에서는 두손으로 연꽃을 잡고 연꽃 위에 오고령五股鈴이 있다.
【밀호】	해탈금강解脫金剛, 환희금강歡喜金剛
【종자】	호하(斛, hoḥ)
【삼매야형】	오고금강령五股金剛鈴
【수인】	갈마회에서 수인은 두 주먹을 쥐어 서로 등지게하고 두 소지와 두 검지를 서로 갈고리처럼 교차시킨다. 삼매야회에서는 외박外縛하고 두 엄지를 손바닥에 넣어서 흔든다.

【진언】

<성신회> <갈마회>

옴 바즈라베샤 호하
唵 嚩日羅吠捨 斛
oṃ vajrāveśa hoḥ

<삼매야회>

간타 아 아
健吒 噁噁
ghaṇṭā āḥ āḥ

- 한국밀교문화총서 1 - 한국의 육자진언
- 한국밀교문화총서 2 - 한국의 입체만다라
- 한국밀교문화총서 3 - 한국의 전승진언
- 한국밀교문화총서 4 - 한역대장경 밀교부 경전 해제(고려대장경內)
- 한국밀교문화총서 5 - 한역대장경 밀교부 경전 해제(고려대장경外)
- 한국밀교문화총서 6 - 한국의 밀교관련 경전 문헌 총목록
- 한국밀교문화총서 7 - 일본의 밀교관련 논문 저서 총목록
- 한국밀교문화총서 8 - 밀교학연구
- 한국밀교문화총서 9 - 진언집성사전
- 한국밀교문화총서 10 - 한국 비로자나불 연구 (불상)
- 한국밀교문화총서 11 - 한국 비로자나불 연구 (벽화, 불화)
- 한국밀교문화총서 12 - 한국고대밀교사
- 한국밀교문화총서 13 - 한국중세밀교사
- 한국밀교문화총서 14 - 망월사본 진언집 연구
- 한국밀교문화총서 15 - 밀교의식의 전통과 전개 양상
- 한국밀교문화총서 16 - 금강계만다라 도전
- 한국밀교문화총서 17 - 밀교예술과 도상(티베트편)
- 한국밀교문화총서 18 - 한국근세밀교사
- 한국밀교문화총서 19 - 한국현대밀교사
- 한국밀교문화총서 20 - 한국현대밀교 교단연구
- 한국밀교문화총서 21 - 한국현대밀교 인물평전
- 한국밀교문화총서 22 - 진각밀교의 교리와 신행 上권
- 한국밀교문화총서 23 - 진각밀교의 교리와 신행 下권
- 한국밀교문화총서 24 - 한국밀교문헌자료총록 上권
- 한국밀교문화총서 25 - 한국밀교문헌자료총록 下권
- 한국밀교문화총서 26 - 밀교도상 연구 I (佛과 菩薩)
- 한국밀교문화총서 27 - 밀교도상 연구 II (明王과 天神)
- 한국밀교문화총서 28 - 금강계만다라삼십칠존
- 한국밀교문화총서 29 - 밀교의 진호국가와 문두루법

한국밀교문화총서

사업단장 : 김봉갑 (회성: 진각종 통리원장)
진언문화 연구분과장 : 한진희 (법경 : 진각종 교법연구실장)
진언문화 연구분과원 : 허일범 (귀정 : 진각대학원 교수)
한국밀교문화총람사업단 자문위원 : 김무생 (경정 : 전 위덕대학교 불교학과 교수)
권영택 (덕일 : 전 위덕대학교 불교학과 교수)
서윤길 (동국대학교 명예교수)
전동혁 (종석스님 : 전 중앙승가대학교 교수)

한국밀교문화총서 ㉘
금강계만다라삼십칠존

1판 1쇄 2019년 12월 20일 펴냄

펴낸이 | 대한불교진각종 밀교문화총람사업단
지은이 | 허일범
펴낸곳 | 도서출판진각종해인행
출판신고번호 제307-2001-000026호
서울특별시 성북구 화랑로13길 17
대표전화 02-913-0751

ISBN 978-89-89228-62-2 94220
978-89-89228-39-4 (세트)

값 70,000

• 이 도서의 국립중앙도서관 출판예정도서목록(CIP)은 서지정보유통지원시스템 홈페이지(http://seoji.nl.go.kr)와 국가자료종합목록시스템(http://www.nl.go.kr/kolisnet)에서 이용하실 수 있습니다. (CIP 제어번호 : CIP2019050335)

*이 책은 문화체육관광부 지원으로 제작되었습니다.